ÜBER DEN
UMGANG MIT E-MAILS

Verlag
Hermann Schmidt Mainz

DIE SCHOLZ & FRIENDS E-MAIL-ETIKETTE

ZUM GELEIT

Noch zu Beginn des 20. Jahrhunderts saß der geistig arbeitende Mensch im »Kontor«, empfing bisweilen Besucher und korrespondierte. Kurz darauf klingelte zum ersten Mal ein Telefon. Fortan saß man im »Bureau«, empfing bisweilen Besucher, korrespondierte und telefonierte. Einige Zeit später fiepte das erste Fax, und der Mensch saß im »Büro«, empfing weiterhin Besucher, korrespondierte, telefonierte und bediente das Faxgerät. Nebenbei ging er selbstverständlich noch seiner Arbeit nach.

Dann kam die E-Mail: Heute sitzt der geistig arbeitende Mensch im »Office«. Und neben Besuchern, Korrespondenz, Telefonaten und Fax empfängt er eine Flut von E-Mails, die allesamt aufs pünktlichste beantwortet sein wollen. Und so ganz nebenbei bleibt ihm dabei keine Zeit für die Arbeit mehr.

REGEL 1

NIC

GESENDETE E-MAILS SINI

HT

GUTE E-MAILS.

ODER

WARUM IMMANUEL KANT KEINE E-MAILS SCHRIEB.

Der Philosoph Kant schrieb aus seinem beschaulichen Königsberg nur dann in die Welt hinaus, wenn er etwas zu sagen hatte. Aber das, was er schrieb, veränderte die Welt. Und es war so klar formuliert, dass niemand es jemals gewagt hätte, ihn mit einer Nachfrage zu belästigen. Eine gute Taktik.

Bevor wir also eine E-Mail schreiben, sollten wir uns zuallererst überlegen, ob sie überhaupt nottut. Wird diese E-Mail die Welt verändern – oder zumindest den Empfänger bereichern? Lautet die Antwort »Nein«, schreiben wir sie einfach nicht. Und ersparen uns und dem Empfänger eine Menge Zeit.

REGEL 2

ERÖFFNE

JEDE E-MAIL MIT EINER GUTEN BETREFFZEILE.

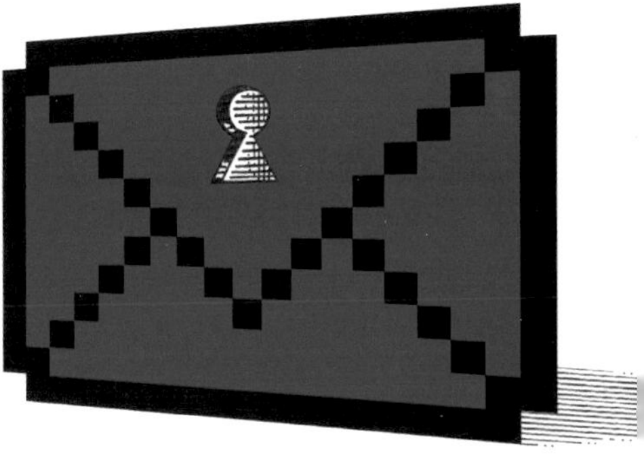

ODER

WIESO THOMAS MANN DEN »ZAUBERBERG« NICHT »FWD: FWD: HALLÖCHEN« NANNTE.

Thomas Mann dachte über die Titel seiner Bücher länger nach als so mancher E-Mail-Autor über seine gesamte Jahreskorrespondenz. Denn der Jahrhundertschriftsteller wusste: Ist der Titel schlecht, wird das Buch erst gar nicht aufgeschlagen. Ein guter Titel informiert, macht neugierig – und bleibt ein wenig geheimnisvoll.

Auch E-Mails haben Titel: die Betreffzeile. Und bei ihrer Formulierung sollten wir uns Mühe geben. Eine informative Betreffzeile bringt unser Anliegen sofort auf den Punkt. Und sie sagt dem Empfänger, ob die E-Mail für ihn von Interesse ist oder nicht. Betreffzeilen wie »Hallöchen« oder gar »Fwd: Fwd: Hallöchen« sind da wenig zielführend. Im schlimmsten Fall wird unsere E-Mail dann gar nicht erst geöffnet.

REGEL 3

WER ETWA

PERS

VICHTIGES WILL, SAGT ES

ONLICH.

ODER

WARUM CASANOVA AUF DIE KRAFT DER VERFÜHRUNG SETZTE.

Ach, Casanova – Lebemann, Diplomat, Geheimagent und Schriftsteller! Dieser Mann wickelte alle um den Finger. Er ließ seinen Charme spielen, bis sein Gegenüber machte, was er wollte. Casanovas Trick: Er ging auf die Leute ein. Und das ist eigentlich gar nicht so schwer.

Wie gehen wir auf jemanden ein? Ganz einfach: indem wir zu ihm gehen. So klärt sich alles von Angesicht zu Angesicht, und die meisten Fragen erübrigen sich. Das spart mindestens drei Antwortmails. Delegieren wir hingegen Arbeit per E-Mail, fühlt sich das zwar einfach und schnell an, führt aber oft zu nichts. Denn wenn E-Mails am laufenden Band eingehen, verschwindet auch die Wichtigste im Nirwana des überquellenden Postfachs.

REGEL 4

KLARHEIT

STATT KETTENBRIEFE.

ODER

WESHALB DIE ALTEN RÖMER GLEICH ZUR SACHE KAMEN.

Wer im römischen Imperium etwas auf sich hielt, kommunizierte via Bote. Und das möglichst unmissverständlich. Erhielt man als Cäsar zum Beispiel die Nachricht »Wünschen Sie Krieg?«, so schickte man den Boten entweder mit der Antwort »Ja, gerne!« zurück. Oder man brachte den Boten um und marschierte gleich mit seinen Legionen los.

Eigentlich sind unsere E-Mails nichts anderes als römische Boten. Darum sollten sie klar formuliert sein: wer, was, wo, wann, warum. Wenn wir in unseren E-Mails Fragen offenlassen, dürfen wir uns nicht wundern, wenn der elektronische Bote nicht mit einer Antwort zurückkommt, sondern mit einer Gegenfrage. Oder er wird sogar umgebracht – also gelöscht.

REGEL 5

SCHREIBE SORGFÄLTIG.

MEIDE FEHLER.

ASAP BTW LOL

MFG

ODER

WIESO CYRANO DE BERGERAC WEDER ;-) NOCH LOL BENUTZTE.

Niemand schrieb Briefe wie Cyrano de Bergerac. Jedes seiner Worte war genau gewählt, und reimen konnte er auch noch. Warum er sich solche Mühe gab? Er wusste um die Macht der Worte – und die sollte man nicht unterschätzen.

In jedem von uns steckt ein kleiner Cyrano – wenn wir nur wollen. Rechtschreibfehler zum Beispiel braucht man nicht zu machen. Schließlich hat das E-Mail-Programm eine Rechtschreibprüfung. Bei jeder E-Mail, egal an wen, sollten wir uns Mühe geben. Dazu gehört eine Anrede und eine Verabschiedung. Wer Kürzel wie FYI, LG oder MfG benutzt, ist alles andere als höflich. Und: In der bunten Welt der Klingeltöne sind LOL, GRINS und ;-) vielleicht originell – in der ebenso bunten Geschäftswelt eher nicht.

REGEL 6
E-MAIL

AU

US.

GEHIRN AN.

ODER

WARUM AN BUD SPENCER NIEMAND VORBEIKAM.

Bud Spencer ist nicht nur der Erfinder der »beidhändigen Doppelbackpfeife« und des »5-Sekunden-Narkose-Hammers«. Neben der Schauspielerei arbeitete er auch als Jurist, Produzent, Komponist und betrieb eine eigene Fluglinie sowie eine Restaurantkette. Wie schaffte er das alles? Er konzentrierte sich auf jeweils eine Sache. Wenn Bud komponierte, komponierte er. Wenn Bud zuschlug, schlug er zu.

Also, machen wir es wie Bud und verpassen dem E-Mail-Programm einen »2-Stunden-Narkose-Hammer« – einfach ausschalten, wenn wir produktiv sein wollen. Denn jede E-Mail lenkt uns weit mehr ab als die 30 Sekunden, die wir brauchen, um sie zu lesen. Ganze 15 Minuten benötigt unser Gehirn, um sich von einer E-Mail zu erholen! Wenn wir also denken wollen: Gehirn an, E-Mail aus. Und am besten das Telefon auch.

REGEL 7

MEI
REDEN

IR
WENIGER
E-MAILS.

ODER

WARUM FÜR LAGERFELD E-MAILS AUS DER MODE SIND.

Karl Lagerfeld ist für zwei Dinge berühmt: seine Mode und sein Mundwerk. So hat er es nicht nur geschafft, profanes Nähen in Fashion zu verwandeln – er hat es sogar geschafft, das Reden über Mode spannend zu machen. Inzwischen sind seine Interviews legendärer als sein Design. E-Mail-Zitate von ihm sind dagegen nicht bekannt. Weil Karl Lagerfeld keine E-Mails schreibt. Er spricht – oder er faxt ganz altmodisch handschriftlich.

Machen wir es wie Karl Lagerfeld und reden wir miteinander. Und zwar viel und oft (okay, vielleicht nicht ganz so viel und oft wie Lagerfeld). Denn so addieren wir das Wichtigste: unsere Persönlichkeit. Missverständnisse kommen gar nicht erst auf, und wir lernen uns richtig gut kennen.

REGEL 8

KEIN VERTEILER DES GRAUENS

ODER

WESHALB DIE INDIANER NUR MANCHMAL RAUCHZEICHEN GABEN.

Mit ihren Rauchzeichen erfanden die Indianer quasi die Massen-E-Mail. So hielten sie sich über die Weiten der Prärie hinweg auf dem Laufenden. Allerdings nur, wenn es etwas Wichtiges mitzuteilen gab, wie zum Beispiel: »Die Bisonherden kommen! Die Grillsaison ist eröffnet!«. Niemals aber gaben die Indianer Rauchzeichen wie »Hat jemand den linken Mokassin von Kleiner Bär gesehen? Bitte melden!«.

Wir sollten den E-Mail-Verteiler klein halten und nur die wirklich relevanten Personen anmailen. Auch wenn wir im Informationszeitalter leben: Es muss nicht jeder alles wissen! Und wenn uns eine Massen-E-Mail erreicht, sollten wir nur im Ausnahmefall an alle antworten.

REGEL 9

EINE E-MAIL MUSS NICHT BINNEN 980 MILLISEKUNDEN BEANTWORTET SEIN.

ODER

WESHALB GOETHE ALLES BESSER WUSSTE – UND DEN FAUST SCHRIEB.

Goethe war nicht nur ein außerordentliches Genie, er war auch außerordentlich eitel. Er korrespondierte mit Gott und der Welt, um allen seine Meinung kundzutun. Allerdings bestimmte er selbst, wann er mit einem Brief antwortete. So blieb ihm Zeit für das Wesentliche: seine Dichtkunst.

Warum jede eingehende E-Mail sofort beantworten? Unser Gehirn ist für Größeres gemacht. Eine gute Zeit für E-Mails ist zum Beispiel die Zeit nach dem Mittagessen. Wenn zwischendurch unser E-Mail-Programm klingelt, na und? Wer ein dringendes Anliegen hat, ruft an. Niemand kann davon ausgehen, dass seine E-Mail sofort beantwortet wird.

REGEL 10

HALTE

DICH AN

DIE REGELN 1 BIS 9.

ODER

DAS WICHTIGSTE IN KÜRZE.

Wir nehmen uns Zeit zum Lesen und Schreiben von E-Mails – und wir lesen und schreiben sie sorgfältig. Genauso wichtig: Wir nehmen uns Auszeiten vom E-Mail-Programm und kümmern uns um unsere eigentlichen Aufgaben.

Wir sprechen miteinander, statt zu mailen. Wir besuchen uns in unseren Büros oder telefonieren. Oder wir greifen mal wieder zur Feder und schreiben einen echten Brief. Missverständnisse kommen so gar nicht erst auf – und wir lernen uns besser kennen.

Und weil dieses Buch keine E-Mail ist, können wir es uns ins Regal stellen. Oder es ausleihen. Oder sogar verschenken.

Bei Fragen zu gutem Benehmen in der E-Mail-Korrespondenz wenden Sie sich gerne vertrauensvoll an uns. Bei Fragen zu gutem Benehmen im Allgemeinen natürlich auch.

knigge@s-f.com

REGISTER

CASANOVA, GIACOMO

** 2.4.1725 in Venedig; † 4.6.1798 in Dux*

Casanova war Doktor der Juristerei, hatte Frauengeschichten, erhielt die kirchlichen Weihen, fiel als Priester angetrunken von der Kanzel, wurde vom Papst zum »Ritter des goldenen Sporns ernannt«, verließ den Vatikan wegen Frauengeschichten, wurde in Venedig Fähnrich und Orchestergeiger, wurde wegen »Schmähung der heiligen Religion« eingekerkert, floh, schrieb ein Buch darüber und über Frauengeschichten, reiste durch Europa, gründete in Frankreich die Nationallotterie, hatte Frauengeschichten in England, verweigerte eine Anstellung am preußischen Hof, duellierte sich in Polen mit Pistolen wegen Frauengeschichten, wurde Theaterdirektor sowie Geheimagent in Venedig und schließlich Bibliothekar in Böhmen, wo er seine Memoiren voller Frauengeschichten schrieb.

CÄSAR, JULIUS GAIUS

** 13.7.100 v. Chr. in Rom; † 15.3.44 v. Chr. in Rom*

Der Sohn aus reichem Hause schlug die Behördenlaufbahn ein, wurde Konsul und ging in die nördlichen Provinzen. Von dort aus eroberte er ganz Gallien. Ganz Gallien? Ja. Zurück in Rom führte er das Ende der Republik herbei, indem er sich selbst – wie praktisch – zum Alleinherrscher ausrief. Nach seiner Ernennung zum Tyrannen auf Lebenszeit fiel er einem Attentat zum Opfer. Seine berühmten letzten Worte sprach der große Römer – wie snobistisch – auf Griechisch: »kai sy téknon«, »Auch du, mein Sohn«.

GOETHE, JOHANN WOLFGANG VON

** 28.8.1749 in Frankfurt a. M.; † 22.3.1832 in Weimar*

Dichter, Dramatiker, Theaterleiter, Kunsthistoriker, Staatsmann, Botaniker, Geologe, Optiker, Chemiker, Entdecker des Zwischenkieferknochens beim menschlichen Embryo und Zechkumpan von Schiller.

CYRANO DE BERGERAC, SAVINIEN

** 6.3.1619 in Paris; † 28.7.1655 in Paris*

Cyrano studierte zusammen mit Molière Philosophie. Danach trat er den Gascogner Kadetten bei und widmete sich ganz dem Krieg. Zwei schwere Verwundungen und drei Jahre später quittierte er den Dienst und wurde Dichter. Fortan umwarb er mit Briefen und Gedichten seine schöne Cousine Madeleine, bis ihm ein Holzscheit auf den Kopf fiel und er mit nur 36 Jahren starb.

KANT, IMMANUEL

** 22.4.1724 in Königsberg; † 12.2.1804 in Königsberg*

Philosoph mit fast schon manischer Selbstdisziplin. Jeden Morgen um exakt 4:45 Uhr ließ Kant sich von seinem Hausdiener mit den Worten »Es ist Zeit!« wecken. Jeden Abend um exakt 22:00 Uhr ging er zu Bett. Jeden Mittag lud er Freunde ein und pflegte die Geselligkeit, vermied aber Themen der Philosophie. Jeden Nachmittag machte er einen Spaziergang.

MANN, PAUL THOMAS

** 6.6.1875 in Lübeck; † 12.8.1955 in Zürich*

Jahrhundertschriftsteller und begnadeter Stilist. 1924 wird Mann zum ersten Mal für den Literaturnobelpreis vorgeschlagen – und abgelehnt. Die Jury beurteilt »Die Buddenbrooks« als zu schlecht geschrieben. 1928 kommt Manns Schlüsselroman »Der Zauberberg« heraus. Die Jury verweigert wieder den Nobelpreis: zu schlecht geschrieben. 1929 schließlich bekommt Mann doch den Nobelpreis.

SPENCER, BUD (CARLO PEDERSOLI)

** 31.10.1929 in Neapel*

Schauspieler, Jurist, Produzent, Komponist, Fluglinienbesitzer, Olympiaschwimmer, Fabrikant, Schriftsteller, Erfinder, Modedesigner und Inhaber einer Fast-Food-Kette. Bud Spencer spricht Italienisch, Deutsch, Englisch, Spanisch, Portugiesisch und Französisch. Sein Faustumfang beträgt 33 Zentimeter.

LAGERFELD, KARL OTTO

** 10.09.1933 in Hamburg*

(er selbst gibt als Geburtsjahr 1938 an)

Der Sohn eines Dosenmilchfabrikanten lebt in Paris sowie in seinem Schloss in Biarritz. Seit 1965 entwirft er für Fendi, seit 1972 ist er Chefdesigner von Chanel. Bis zum Jahr 2000 war er eher zu dick, seitdem ist er eher zu dünn. Karl Lagerfeld ist der einzige Mann, der trotz Zopf und Sonnenbrille extrem cool aussieht.

IMPRESSUM

HERAUSGEBER
Scholz & Friends

TEXT & GESTALTUNG
Oliver Handlos
Heidrun Kleingries
Matthias Spaetgens
Philipp Wöhler

ILLUSTRATIONEN
Alfred Schüssler

DRUCK
Gutenberg Beuys, Langenhagen

BUCHBINDER
Integralis, Ronnenberg

SCHRIFT
Gesetzt in Garamond Premier Pro Regular und Italic

SATZ
Appel Grafik, Berlin

PAPIER
Inhalt: PhoeniXmotion Xantur, 150 g/m²(FSC)
Vor- und Nachsatz: Stardream fine gold, 120 g/m²

Verlag Hermann Schmidt Mainz
Gonsenheimer Str. 56
55126 Mainz
Tel. 0 61 31/50 60 0
Fax 0 61 31/50 60 80
info@typografie.de
www.typografie.de

ISBN 978-3-87439-841-1
Printed in Germany with Love

Fünfte Auflage 2015

WIR ÜBERNEHMEN VERANTWORTUNG.

Nicht nur für Inhalt und Gestaltung, sondern auch für die Herstellung. Das Papier für dieses Buch stammt aus sozial, wirtschaftlich und ökologisch nachhaltig bewirtschafteten Wäldern und entspricht deshalb den Standards von FSC. Durch die Zertifizierung ist sichergestellt, dass kein illegal geschlagenes Holz aus dem Regenwald verwendet wird, Wäldern nur so viel Holz entnommen wird, wie natürlich nachwächst, und hierbei klare ökologische und soziale Anforderungen eingehalten werden.

BÜCHER HABEN FESTE PREISE.

In Deutschland hat der Gesetzgeber zum Schutz der kulturellen Vielfalt und eines flächendeckenden Buchhandelsangebotes ein Gesetz zur Buchpreisbindung erlassen. Damit haben Sie die Garantie, dass Sie dieses und andere Bücher überall zum selben Preis bekommen: bei Ihrem engagierten Buchhändler vor Ort, im Internet, beim Verlag. Sie haben die Wahl. Und die Sicherheit. Und ein Buchhandelsangebot, um das uns viele Länder beneiden.

»Eine Herzerfrischung zum Anfassen.«
Süddeutsche Zeitung

»Allein die Überschrift ›Wieso Thomas Mann den ‚Zauberberg' nicht ‚FWD:FWD:Hallöchen' nannte‹ ist das Geld wert.«
Stern

Ausgezeichnet beim Art Directors Club für Deutschland 2009 mit zwei Bronzemedaillen